LA NOUVELLE SAINTE-ALLIANCE.

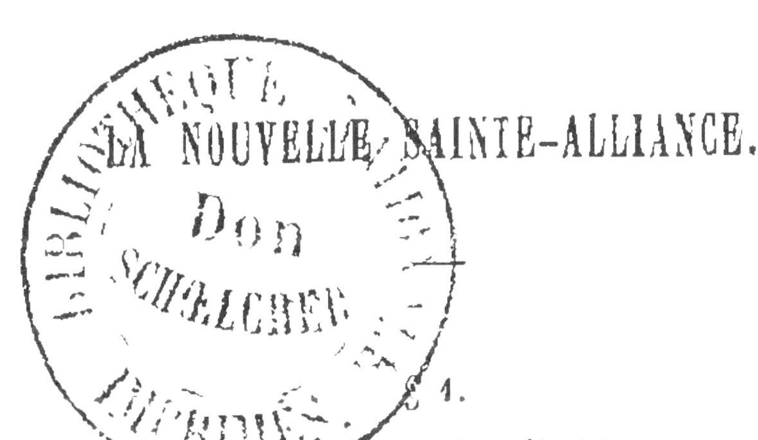

§ 1.

La paix est conclue, car les dissidences que pour-
aient offrir les affaires d'Orient disparaissent devant
l'intérêt prédominant des despotes à enchaîner les peuples et à rétablir contre eux une formidable mutualité.

Reconstituer les traités de 1815, voilà bien le fond de
la question; tout le reste n'est que fantasmagorie et mise
en scène pour l'illusion du spectateur. Aussi, en en-
tendant les journaux répéter sur tous les tons que la
France est à l'apogée de sa gloire, qu'elle préside aux
destinées du monde, que la honte des traités de 1815 est
effacée, se sentirait-on, pour le moins, saisi d'étonne-
ment, si l'on ne savait que, dans ce monde de fictions
et d'impostures, presse, discours, prose et vers n'ont
qu'un rôle, dénaturer la vérité.

Cependant, comme ces mensonges officiels tendent à
égarer l'opinion, exhumons, puisqu'on nous y oblige,
les souvenirs douloureux, et examinons en quoi consis-
tent ces traités de 1815 si justement abhorrés de la nation.

Deux choses les constituent : un fait et un droit, si l'on
eut ainsi parler.

Le fait, aucune mémoire française ne l'a oublié; c'est
la patrie vaincue et humiliée, l'étranger régnant pendant trois ans sur notre territoire, et y dictant des arrêts
de mort, la réduction de nos frontières en deçà de celles

de la République, de celles même de la monarchie, l'a^t
bandon de douze milles bouches à feu, d'un materiel im
mense, de trente et un vaisseaux de haut rang et de
douze fregates, le payement de trois millards de rançor
en argent ou en nature, c'est l'Angleterre enfin s'empa
rant de toutes nos colonies, prenant position sur toute
les mers, et réalisant, dans son avidité ce mot de Cha
tham : « Que deviendrait la Grande-Bretagne, si ell
était jamais juste envers la France ? »

A ce fait, je le demande, qu'y a-t-il ou que va-t-il y
avoir de change ? Rien absolument.

Le droit — ma plume de juriste se refuse à écrire ce
mot, l'esprit inferna , dirai-je mieux, des traités de
1815, on le connait aussi : c'est simplement au nom
de la très-sainte et indivisible trinite, une association
de brigands qui parquent, distribuent les peuples, s'en
gageant l'un envers l'autre a les abrutir sous le joug du
prêtre et du soldat. Esprit qui se developpe, se fortifie
successivement dans les congrès de Troppau et de Lay-
bach, pour trouver enfin son expression la plus insolente
et la plus barbare dans le traite secret du congrès de
Vérone qu'il est nécessaire de transcrire ici :

« Les soussignés spécialement autorisés à faire quelques additions au traité de la Sainte-Alliance, ayant
echange leurs pouvoirs, adhèrent a ce qui suit :

» Art. 1er. Les hautes parties contractantes, convaincues que le système du gouvernement *représentatif* est
incompatible avec les principes monarchiques, de même
que la doctrine de la souveraineté du peuple est incompatible avec le Droit divin, s'engagent mutuellement les
unes envers les autres, de la manière la plus solennelle
a employer tous leurs efforts pour anéantir *le gouvernement représentatif dans tous les Etats de l'Europe ou il
existe*, et à empêcher son introduction dans les Etats
où il n'est pas encore connu.

» Art. 2. Comme on ne peut douter que la liberté de

la presse ne constitue le moyen le plus puissant, entre les mains des prétendus défenseurs des droits des nations, contre les droits des princes, les hautes parties contractantes engagent réciproquement leur foi a adopter toutes les mesures propres a sa suppression, non-seulement dans leurs États respectifs, mais dans tout le reste de l'Europe.

» Art. 3. Convaincues que les principes de la religion contribuent puissamment a maintenir les nations dans cet état *d'obéissance passive* qu'elles doivent à leurs princes, les hautes parties contractantes déclarent que leur intention est désormais de soutenir dans leurs États respectifs *telles mesures que le clergé croira devoir adopter pour l'affermissement de ses intérêts si intimement associés à ceux de l'autorité des princes.* Les hautes parties contractantes offrent en outre d'un commun accord leurs remercîments au Pape pour tout ce qu'il a déjà fait pour eux, et elles sollicitent sa coopération continue en vue de soumettre les nations.

» Art. 4. Les hautes parties contractantes, en confiant a la France le soin de ramener les nations a l'ordre, s'en gagent à l'aider dans son entreprise, de façon à se compromettre le moins possible les uns et les autres vis-à-vis de leurs peuples. En conséquence elles s'obligent a fournir un subside de 20,000,000 de francs. Ledit subside devant courir a partir de la signature de ce traité jusqu'à la fin de la guerre.

» Art. 5. En vue de rétablir dans la péninsule (l'Espagne et le Portugal) l'ordre de choses qui existait antérieurement à la Révolution de Cadix et aussi pour assurer la pleine exécution des articles de ce traité, les hautes parties contractantes s'engagent jusqu'à l'accomplissement du but ci-dessus indiqué a superceder à tout autre projet, et pour en hâter l'accomplissement, elles adresseront immédiatement des instructions a tous leurs agents a l'intérieur ou à l'étranger. »

« Le présent traité sera ratifié, et les ratifications échangées a Paris, dans le délai de six mois. »

Cet acte insensé fut signé le 12 novembre 1822 pour l'Autriche, la France, la Prusse et la Russie par Metternich, Châteaubriand, Bernstorff, Nesselrode. Le nom de l'Angleterre y fait défaut, car la politique à outrance qu'il consacrait était tellement monstrueuse, tellement hostile en particulier aux institutions publiques de la Grande Bretagne, que Canning, le ministre libéral qui dirigeait alors les affaires de ce pays, se crut obligé de rappeler le duc de Wellington, son négociateur.

Et qu'on ne prenne pas fantaisie, parce que ce traité a été clandestin, nié même quelquefois, d'en révoquer en doute l'existence ou les dispositions fondamentales. L'histoire serait là pour répondre qu'a une époque correspondante au congrès de Vérone, les constitutions furent en effet déchirées, que les échafauds se dressèrent, que l'Autriche marcha sur le Piémont, Naples et la Sicile, flanquée dans le lointain d'une armée de 80,000 russes prêts à lui prêter main-forte, que la France enfin envahit l'Espagne pour y restaurer le trône absolu du stupide et sanguinaire Ferdinand VII.

Les choses allaient donc, pour la servitude, au gré des tyrans, quand les revolutions de 1830 et de 1848 vinrent, par leurs contrecoups, jeter quelque trouble dans leur odieux et persévérant complot. Mais ce fut de courte durée; la Hongrie qui, la dernière, avait tenu l'épée pour l'indépendance, était à peine trahie et livrée par Gorgey, que les maîtres de la Russie, de la Prusse et de l'Autriche, revenus de leur terreur, se réunissaient de nouveau a Olmutz, a Erfurt, a Dresde, a Varsovie. Ce qui se passa dans ces conférences mystérieuses, nul ne le sait, si ce n'est qu'une circulaire du comte de Nesselrode informait les agents russes en Europe que la Sainte-Alliance était reformée sur les mêmes bases qu'en 1822, et que la Russie, la Prusse, l'Autriche étaient une fois de plus d'accord, comme au bon vieux temps de la croisade universelle contre les peuples. D'ailleurs les faits contemporains portent encore ici témoignage, puisque ce fut alors que les traces de la liberté expirante furent entièrement effacées, les duchés du Schleswig-Holstein donnés au roi de Danemark, le Danemark lui-même offert en perspective à la Russie, le mouvement unitaire de l'Allemagne écrasé a Francfort, Hambourg, Brème, ces villes libres occupées par les mercenaires autrichiens.

Reste enfin un document qui complétera cette analyse ; je veux parler du traité intervenu entre la Russie, la Prusse et l'Autriche au mois de mai 1852, dont on ne saurait se passer non plus de connaître la substance.

Toujours au nom de la très-sainte et indivisible trinité.

« LL. MM. l'empereur d'Autriche, le roi de Prusse et l'empereur de Russie,

» Considérant que la souveraineté héréditaire forme la base de l'ordre européen et qu'il existe, sous ce rapport, une solidarité de responsabilité et d'intérêts entre tous les Etats européens ;

» Considérant, de plus quant à la France, que la maison de Bourbon est l'incarnation du principe de souveraineté héréditaire et le comte de Chambord le chef présent de cette famille ;

» Que le pouvoir exercé par *Monsieur Napoléon Bonaparte* est un pouvoir *de facto* qui ne saurait pas même s'appuyer sur le prétendu droit de l'empereur Napoléon, attendu que celui-ci, par l'article premier du traité de Fontainebleau, a, de son propre gré, pour lui, ses successeurs et descendants, aussi bien qu'au nom de tous les membres de sa famille, renoncé a tous les droits et a toutes les prétentions à la souveraineté et au gouvernement de la France ou du royaume d'Italie ou de tout autre pays quelconque ;

» Qu'au surplus, l'origine du pouvoir actuel du président de la République française est la négation du principe monarchique héréditaire ;

» Par tous ces motifs, et beaucoup d'autres qu'il est superflu d'énumérer, les signataires de cette convention considèrent de leur devoir d'arrêter d'avance, et par un entendement commun, leur ligne de conduite, pour le cas où l'une ou l'autre des éventualités ci-après tracées viendrait à se réaliser :

» Dans le cas où le prince Louis Bonaparte, président temporaire de la République française, se fera élire, par le suffrage universel, empereur à vie, les puissances ne reconnaîtront la nouvelle forme de gouvernement éligible, qu'après avoir demandé, au prince Louis Bonaparte, des explications sur la signification de ce nouveau titre, et qu'après avoir obtenu, de sa part, l'engagement, premièrement, DE RESPECTER LES TRAITÉS EXISTANTS ; deuxièmement, de ne rechercher aucun agrandissement territorial ; et troisièmement, DE RENONCER A TOUTE PRÉTENTION A LA FONDATION D'UNE DYNASTIE.

» Dans le cas où le prince Louis Bonaparte se déclarerait empereur héréditaire, les puissances ne reconnaîtront pas le nouvel empereur, mais elles adresseront au gouvernement français, d'une part, et de l'autre a tous les autres gouvernements européens, une protestation basée sur les principes de droit public et la LETTRE DES TRAITÉS. Elles délibéreront dès lors, selon les circonstances, sur des mesures ultérieures à prendre.

» Dans l'hypothèse où un mouvement populaire ou militaire renverserait le gouvernement du prince Louis Bonaparte, ou bien pour le cas de sa mort, les puissances s'engagent et s'obligent, par tous les moyens en leur pouvoir, à favoriser et appuyer la restauration de l'héritier du trône légitime et a ne reconnaître, pour l'avenir, nulle autre dynastie que celle des Bourbons, etc. »

Si longues qu'elles soient, peut-être ne regrettera-t-on pas ces citations qui dessinent, d'elles-mêmes, si bien la situation et placent la question sous son véritable aspect.

On voit que, d'un côté, il s'agit, pour les vieux despotismes, d'arrêter une guerre qui aurait pu finir par le soulèvement de quelque nationalité, et de serrer provi-

soirement le frein des peuples, même à l'aide d'un oc-
cupant temporaire dont ils envisagent la chute.

De l'autre, pour l'homme du 2 décembre de se glisser
dans le cénacle des rois, de passer, autant que possible,
empereur de *droit* d'empereur de *fait*, comme ils l'ap-
pellent, d'essayer de devenir chef de race, en faisant
baptiser le berceau de son héritier problématique par
les grands prêtres du passé.

Voilà tout l'intérêt.

Et c'est pour satisfaire, non l'ambition, le mot serait
trop relevé, mais la puérile et sotte vanité d'un homme,
que nous venons de subir une des guerres les plus
lourdes et les plus terribles.

L'empire viager nous avait coûté le vol de la Banque
de France, le massacre des boulevards, les fusillades
nocturnes du Champ-de-Mars, la mort ou la proscrip-
tion de 20 mille citoyens.

L'Empire héréditaire — ou pour parler plus exacte-
ment, car on sait ce que valent ces hérédités, — la
prétention à l'Empire héréditaire nous coûtera 3 mil-
liards et la vie de 70 mille de nos plus braves soldats,
dont les os blanchissent les plaines de la Crimée.

Tant de sang, tant d'argent pour courir après la
chimère que poursuivit vainement le premier Bonaparte, qui s'écriait aussi, dans sa démence : « Que ne
suis-je mon petit-fils ! » Ah ! que Tacite avait raison de
dire : « Le pouvoir acquis par le crime ne peut se
perpétuer que par le crime. »

§ 2.

Quel crime en effet, des plus grands, des plus irré-
missibles, que cette guerre d'Orient, entreprise pour
une fin aussi misérable ! et, cependant, elle n'en eut
jamais d'autre.

Il est même une foule de ses épisodes qui resteraient

inexplicables, si cette guerre n'était considérée comme une voie prise par l'homme du 2 décembre pour entrer, de haute lutte, dans les rangs de la Sainte Alliance qui lui restaient fermés.

Par ce qui suit, on va voir qu'il ne voulut jamais du czar que son alliance, et non sa ruine.

Et tout d'abord qu'on se souvienne qu'immédiatement après son crime il s'adressa au meurtrier de la Pologne pour se faire admettre parmi les oppresseurs des peuples. Couvert de sang il semblait que les chances lui fussent ouvertes; certes, tous deux étaient dignes de s'entendre. Cependant, Nicolas repoussa ses avances, trouvant sans doute qu'il n'offrait pas encore contre la Révolution, trop récemment terrassée, de suffisantes garanties. « Qu'il soit sage, disait il, et nous verrons. » C'en fut assez pour que l'homme du 2 décembre, changeant, non de but, mais de route, se retournât vers l'Angleterre, comme l'avait fait Louis Philippe dans les mêmes circonstances; avec cette différence, toutefois, que Louis-Phil ppe qui avait vu l'Angleterre indompta ble de Pitt et ses six coalitions, eût peur d'elle et se perdit, tandis que l'autre, qui connaissait, de fraîche date, le secret de sa faiblesse, lui fit peur et s'en servit.

User de l'Angleterre comme d'un moyen, d'un pont vers la Russie. tel fut son plan. Mais, ce plan, comment le réaliser sans la guerre, et comment faire tomber dans la guerre une nation aussi commerçante, aussi amie de son repos, aussi peu préparée, que la nation anglaise? C'était aisé pourvu qu'on agitât à ses yeux une de ces questions qui, comme celle d'Orient, intéresse a un haut degré sa marine et ses possessions des Indes. L'Angleterre donna dans le piège, la guerre fut déclarée sans que, pour cela, l'allié fidèle, combattant d'une main, cessât de l'autre, de négocier sourdement et séparément avec la Russie.

Aussi, l'épée toujours pointée au corps, ne fut-elle jamais enfoncée jusqu'à la garde. De là tant de tergiversations apparentes, tant de résolutions incertaines ou lentement exécutées qui n'avaient qu'un objet : amener insensiblement la Russie à l'alliance, sans la pousser à l'exaspération du désespoir qui creuse les abîmes infranchissables. De là, les provinces danubiennes remises aux mains de l'Autriche pour s'attacher à la fois un des principaux auteurs de la Sainte-Alliance et assurer la retraite de la Russie compromise; de là Silistrie non secourue, et Omer-Pacha arrêté dans sa marche offensive, de là les ports commerciaux de la Crimée épargnés, puis, en compensation de Sébastopol, pris enfin pour appaiser les mécontentements de l'opinion, Nicolaïeff respecté, qui redeviendra demain Sébastopol. De là l'armée française rendue immobile, aussitôt après sa victoire, et de toutes les lâchetés la plus ignominieuse et la plus ineffaçable, Kars condamné à l'avance, malgré la valeur surhumaine de ses défenseurs, afin de permettre à la Russie de racheter, par cette gloire facile et avec cette faible rançon, les échecs qu'elle avait subis, les possessions qu'elle avait perdues.

Envisagées de ce point de vue, tant de choses obscures, contradictoires jusqu'ici, éclatent sous leur véritable jour. La Turquie ne fut qu'un prétexte, l'Orient, comme autrefois, un théâtre où se débattit la querelle personnelle des Césars. On ne lutta contre la Russie qu'en lui faisant répéter sans cesse par les émissaires publics ou secrets, par les notes diplomatiques et par les autographes : « Pourquoi nous entre-détruire, nous qui reposons sur le même principe : le despotisme ? Nous n'avons qu'un ennemi : les peuples. Faisons la paix et associons-nous contre eux. »

Bref, les propositions que la raideur hautaine du père avait dédaigneusement ajournées, furent à la longue, entendues du fils, et maintenant on sait le reste.

Ainsi, trahir la Turquie, trahir l'Angleterre, trahir l'armée française que des ménagements si criminels envers la Russie firent décimer par le fléau des maladies et les horreurs d'un siège sans fin, tout cela pour s'ouvrir les portes de la Sainte Alliance et river de plus fort la chaîne des peuples, voilà bien le point de départ et le but de la guerre d'Orient, qui a condamné la France à tant de sacrifices.

Aujourd'hui, sans doute, l'Angleterre est éclairée; elle comprend que l'invasion qu'elle avait crû détourner par une guerre lointaine, va se rapprocher, avec la paix, de ses rivages; que son loyal allié, qui ne règne que par l'armée, ne saurait laisser longtemps, sans danger pour lui même, cette armée inactive; que ce n'est pas en vain qu'il improvise, chaque jour, quelque vaisseau dans ses ports. Aussi, aurait-elle voulu continuer la guerre pour couvrir ses échecs, et fournir à l'homme du 2 décembre. l'occasion de se jeter sur le Rhin, ce qui aurait pu éveiller contre lui la coalition de l'Europe. Combinaisons superflues ! il est trop tard. La paix se fera si déjà elle n'est faite, avec ou sans l'Angleterre, au besoin contre elle. Trop heureuse, si la première mission que recevra, de la Sainte Alliance, l'homme du 2 décembre, n'est pas celle de renouveler contre la tribune, la presse, les libertés anglaises, la campagne que la France absolutiste de 1823 se vit imposer contre les libertés de l'Espagne! Alors, l'Angleterre porterait le poids de son crime, car c'en fut un de placer sa main dans la main parjure et sanglante de l'homme du 2 décembre, et la tache qui y reste, semblable à celle qui souillait la main de lady Macbeth, de même indélébile. Pourquoi l'Angleterre, au lieu de déserter la cause de l'Italie, de la Pologne, de la Hongrie, ne l'a-t elle pas soutenue? Autre serait sa fortune. Mais, à elle d'aviser : c'est son affaire et non la nôtre.

Ce qui nous regarde, nous enfants de la France, c'est que le crime qui est à la veille de se consommer contre la civilisation, le progrès, la marche ascendante de l'humanité, ne nous ait pas pour complices. Mieux vaudrait encore, pour l'avenir de la liberté, les traités de 1815 contre nous, qu'avec nous. Epuisés d'hommes et d'argent par le premier Bonaparte, sous les flots pressés de l'Europe, nous avons pu être vaincus sans être déshonorés. Le corps avait été touché, non pas l'âme; 1830 et 1848 l'ont bien prouvé. Mais, passer du rôle de victime à celui du bourreau, de peuple émancipateur nous faire, sous la verge des tyrans, persécuteurs des autres peuples, ce serait tomber devant l'histoire au dernier degré de l'avilissement et de l'opprobre ; ce serait permettre de douter si les hommes ne sont pas encore plus serviles que les tyrans ne sont scélérats !

§ 3.

Repoussons de notre esprit cette funeste pensée, cet anathème sacrilège contre l'humanité; si le pays abusé sur les faits, pouvait se laisser surprendre, le pays averti ne se laissera jamais dégrader.

Sauf un homme né de l'étranger, nourri à l'étranger espèce de monomane ayant sacrifié à l'idée fixe de se faire empereur les nobles tendances, la Constitution jurée de sa patrie, prêt à sacrifier demain l'univers au plaisir frivole de se faire empereur héréditaire, qui donc, en France, penserait à restaurer ces traités de 1815 dont le juste ressentiment a servi de ferment, de levain à nos deux dernières révolutions ?

Ce n'est pas l'armée assurément, dont on entend déjà les murmures. On a pu la lancer sur Rome républicaine en lui persuadant qu'elle allait combattre l'Autrichien; on a pu lui faire supporter avec héroïsme les terribles

épreuves de la guerre de Crimée, au bout de laquelle
on lui montrait la Russie frappée au cœur et la France
vengée de 1815. Mais comment tromper plus longtemps
des soldats qui emportaient Malakoff au chant de *la Mar-
seillaise*, quand ils verront cette Russie, demeurée in-
tacte, devenir le Pontife et le consécrateur du parvenu
resté prudemment loin du danger ? L'ombre elle-même
qui repose sous les voûtes des Invalides, si elle pouvait
se lever, leur dirait : « Soldats français, c'est aux cris
mille fois répétés de : *A bas les traités de* 1815, que mes
cendres ont été rapportées dans la patrie. Maudit soit
celui qui, en entrant dans ces traités, vous fait soldats
de l'étranger, gendarmes de l'étranger ! Rappelez-vous
les dernières paroles que m'inspirèrent les revers et
l'exil : il n'y a pour la France de gouvernement glorieux
que celui qui prendra son point d'appui, au dedans, sur
les masses, au dehors *sur les peuples.* »

Ce n'est apparemment pas la jeunesse ardente et
libre de nos écoles, fille de la philosophie, qui s'asso-
cierait à ce pacte de ténèbres entre le glaive et l'en-
censoir. Elle n'a pas oublié que cette année 1822 qui
vit éclore le congrès de Vérone, dont celui-ci va être
le pendant, fut pleine d'émotions patriotiques et de
conspirations redoutables ; que l'école de droit se fit
dissoudre, que l'école de médecine se fit dissoudre,
que l'école polytechnique fut, comme aujourd'hui, sur
le point d'être licenciée. De récentes condamnations ne
viennent-elles pas de prouver, d'ailleurs, que ces braves
jeunes gens sur lesquels a passé le souffle de la Révolution, sauraient faire mieux et plus que leurs devanciers ?

Quant au peuple, dont le bon sens pénètre au fond
des choses, tout congrès, n'importe où il se tienne,
couve, à ses yeux, la trahison et sent l'étranger. Une
assemblée de diplomates est pour lui, dans l'ordre de
ses affaires politiques, ce qu'est une réunion d'hommes

de loi dans ses affaires privées : quelque chose de malfaisant et de néfaste, une nuée de corbeaux tourbillonnant au-dessus de sa proie. L'oncle, dira le peuple, nous a répudiés trois fois pour aller aux rois, et se faire, à grand'peine, de leur famille. Qu'est-il résulté de toutes ses habiletés ? Deux invasions ! Nous pouvons, avec les finesses du neveu, nous préparer à une troisième.

Sans doute les grands intérêts du pays : la propriété foncière, l'agriculture, le commerce, l'industrie, veulent la paix, mais quelles garanties peut leur offrir une paix qui, reconstituant les traités de 1815, laisse au cœur du pays la plaie qui y saigne depuis près d'un demi siècle ? Si, d'ailleurs, avec l'Empire viager, l'argent, leur grand levier, a fui loin d'eux, pour se précipiter, comme au temps fievreux de Law, dans l'agiotage qui n'enrichit que quelques voleurs officiels, n'ont-ils pas tout à redouter des saturnales de l'Empire héréditaire, devenu fou d'orgueil ? Ne va-t-il pas lui falloir bientôt, pour obéir à la tradition, des possessions nouvelles ? La legende, qui a tout mené jusqu'ici, n'exige-t-elle pas plus d'un royaume ? Donc, pas de paix durable, lorsqu'elle a été troublée, une première fois, pour les seules convoitises d'une ambition, dont le destin est de tout absorber ou de disparaître. L'histoire des Empereurs, écrite il y a 2 mille ans, sera éternellement vraie : *Imperium cupientibus nihil medium inter summa et præcipitia.* Encore, est-ce trop même de l'alternative laissée par Tacite entre le sommet et l'abîme ; il n'y a bien que l'abîme, car voici le sort des neuf premiers tyrans de Rome : César poignardé, Auguste assassiné au dire des uns, Tibère étouffé, Caligula percé de l'épée, Claude empoisonné, Néron réduit à s'éventrer, Galba massacré par les soldats, Othon, Vitellius mis en pièces. Cette trace de convulsions et de sang serait trop longue à suivre : qu'il suffise pour compléter le tableau, de rappeler la fin tragique du premier Bonaparte. Ainsi, pas d'illusions de la part des intérêts sérieux ; avec l'Empire, par cela seul qu'il est l'Empire, la paix n'est jamais qu'un accident, la sécurité qu'une halte entre deux catastrophes.

Compterait on enfin sur Paris pour consommer, au profit des despotes, cet holocauste des peuples? Ce serait le mal connaître. Paris dont les titres révolutionnaires datent de si loin, qui, dès 1356, proclamait par la bouche d'Étienne Marcel, l'égalité des droits politiques, la transformation des trois ordres en une convention unitaire, l'exercice du pouvoir démocratique au nom du bien commun ; ce Paris qui, depuis 500 ans, n'a cessé, par des révolutions de plus en plus rapprochées, de combattre pour le progrès, a bien pu, dans ses intermittences d'allanguissement, transiger sur la question de liberté, mais sur la question d'indépendance, jamais. La blessure faite a son orgueil national ne se referme plus, et qu'on cite, de toutes les dominations qu'il a subies, celle qu'il n'ait pas brisée, du moment qu'elle avait pactisé avec l'étranger !

§ 4.

Eh bien, avec tant d'éléments de résistance, de quoi s'agit-il pour empêcher le forfait de s'accomplir, pour empêcher la France, incarnation suprême de la pensée, de s'asseoir parmi les tourmenteurs de la pensée? Simplement de jeter entre ces éléments quelque suture et d'y établir un lien.

Bourgeois et peuple que des préjugés éloignent, que des calomnies habilement entretenues séparent, unissez-vous au nom sacré de la patrie, car le même danger plane sur tous et nous n'avons bien qu'un ennemi.

Pour vous diviser, cet ennemi, agitant aux yeux des uns le spectre rouge, s'est écrié : « Les socialistes sont des pillards qui veulent vos biens, soumettez vous à moi qui vous défendrai contre eux, en vous laissant les libertés de 89. »

Aux autres, il a dit : « Les bourgeois ne transigeront jamais sur les intérêts de la Révolution; avec eux pas de réformes au profit du peuple. Ce qu'il faut, pour les introduire de force, c'est le pouvoir d'un seul, absolu, tout puissant. Donnez-vous a moi, je serai l'Empereur du socialisme. »

Maintenant que le voile est tombé, que la servitude est pour tous, l'infamie imminente pour tous, unissez vous pour être libres. Si la liberté a ses agitations, elle a ses grandeurs incomparables et sa stabilité. Il n'y a d'instable que le despotisme qui, en tuant les âmes, amène, avec la demoralisation, la conquête tôt ou tard. Pas d'exemple d'une nation libre qui ait peri par une guerre entre les citoyens Au contraire, un État, courbé sous ses propres orages, s'est toujours relevé plus florissant Rome fut elle jamais plus puissante et plus invincible que pendant ses 500 ans de Republique? et l'Amérique, où tant de choses sont a changer, n'est-elle pas, cependant, la preuve vivante que la forme republicaine n'est pas incompatible avec l'ordre et la civilisation?

Grâces à Dieu, la bourgeoisie française est trop intelligente pour en être encore à apprendre que tout replâtrage du passe ne peut enfanter que luttes et révolutions, qu'avec le progrès des lumières et de l'égalité, il n'y a de conditions de repos que dans une democratie organisée, qu'a des institutions nouvelles, enfin il faut, pour racines, des intérêts nouveaux ; et le peuple, de son côte, a trop de sens pratique, de droite raison, pour ne pas savoir qu'il ne peut, dans sa souveraineté, assurer son bonheur que par des reformes qui concourront au bonheur universel et à la grandeur de la patrie.

Tel est le terrain de la conciliation sur lequel la vo
de cette patrie aimée vous appelle.

Entrez-y avec confiance; si déjà, en moins d'un a
au mépris de la prison ou de l'exil, au mepris de Lam
bessa et de Cayenne, une immense majorité du peupl
est parvenue à s'associer en vue de la Révolutio
croyez-moi : votre union bien cimentée fera le rest
Point d'armée qui résiste à un pays organisé.

Seulement, trève de bons mots, d'épigrammes, d
sentences inoffensives; « ce n'est pas par des parole
disait le grand orateur d'Athènes à ses concitoyens ti
frivoles, c'est par des actes qu'on abat les tyrans. »

Trop longtemps vous avez répété : *Ça ne peut pa
durer.*

Ce qu'il faut, à peine de déshonneur, c'est que cela
ne dure pas davantage.

Vous le devez a votre histoire, vous le devez aux
autres peuples dont vous avez ete les précurseurs dans
la carrière de la liberté, et qui attendent de vous leur
indépendance. Faites qu'ils n'apprennent pas à vou
mépriser.

Bourgeois et Peuple, enfants d'une même patrie,
que l'éducation, le progrès tendent de plus en plus a
mêler, a confondre, comme deux rivières qui, en se fai
sant fleuve, perdent graduellement la couleur tranchée
de leurs eaux, bourgeois et peuple, entendez ma voix
Il dépend de votre union qne les dates ineffaçables d
89, de 92, de 1830, de 1848 ne restent pas contre la
France d'aujourd'hui comme une accusation de dé-
chéance.

Londres, le 18 février 1856.

LEDRU-ROLLIN.

———